Made in the USA
Columbia, SC
28 November 2023

27283019R00067